Markus Lanz   Manfred Lütz

BENEDIKT XVI.
Unser letztes Gespräch

Markus Lanz   Manfred Lütz

BENEDIKT XVI.
Unser
letztes Gespräch

Mit Fotografien von Markus Lanz

 KÖSEL

Sollte diese Publikation Links auf Webseiten Dritter enthalten, so über-
nehmen wir für deren Inhalte keine Haftung, da wir uns diese nicht zu
eigen machen, sondern lediglich auf deren Stand zum Zeitpunkt der
Erstveröffentlichung verweisen.

Aus Gründen der leichteren Lesbarkeit konnte eine gendergerechte
Schreibweise nicht durchgängig eingehalten werden. Bei der Verwendung
entsprechender geschlechtsspezifischer Begriffe sind im Sinne der
Gleichbehandlung jedoch ausdrücklich alle Geschlechter angesprochen.

Penguin Random House Verlagsgruppe FSC® N001967

Copyright © 2023 Kösel-Verlag, München,
in der Penguin Random House Verlagsgruppe GmbH,
Neumarkter Str. 28, 81673 München
Umschlagmotiv: Markus Lanz
Druck und Bindung: GGP Media GmbH, Pößneck
Printed in Germany
ISBN 978-3-466-37316-1
www.koesel.de

INHALT

VORWORT

Nun ist es schon ein paar Jahre her, dieses letzte Gespräch. Aber damals, am 30. April 2018, begegneten wir einem Menschen, der am Ende seiner Kraft schien. Die Gesten waren nur noch schwach, die Stimme so leise, dass man Papst Benedikt manchmal kaum noch verstehen konnte. Sein Geist freilich war gewohnt flink, aufmerksam und witzig. Wir jedenfalls dachten, dass das gewiss unser letztes Gespräch mit Joseph Ratzinger sein würde. Das stimmt zwar tatsächlich, denn seitdem haben wir beide nicht mehr direkt mit ihm gesprochen, doch immerhin liegt dieses letzte Gespräch jetzt eine geraume Zeit zurück. Wir haben daher alles noch einmal gelesen, das ein oder andere ergänzt, das Interview in indirekte Rede gesetzt, aber im großen

Ganzen hat der Text weiter seine Gültigkeit, und so haben wir uns entschlossen, ihn jetzt anlässlich des Todes von Joseph Ratzinger, Papst Benedikt XVI., zu veröffentlichen.

Hamburg/Bornheim, im Januar 2023
  Markus Lanz, Manfred Lütz

»DIESER PERSONENKULT IST DOCH SCHRECKLICH ...«

MANFRED LÜTZ

Am Vorabend hatte mich Markus Lanz noch gefragt, ob er denn morgen bei Papst Benedikt Krawatte tragen müsse. Er hatte gerade eigens für diesen Termin einen Dreh in Russland für eine ZDF-Doku anlässlich der Fußballweltmeisterschaft abgekürzt und war von Wolgograd nach Rom geflogen. Ich war von der Frage etwas überrascht und bot an, ihm eine Krawatte von mir zu leihen. Doch da fragte er, ob Papst Benedikt so etwas wichtig sei. Das war eine ganz andere Frage. Und so wie ich Papst Benedikt seit 36 Jahren kannte, war die Antwort sofort klar: Nein, natürlich nicht. Auch ein eigentliches Jackett hatte Markus Lanz nicht dabei, sondern nur eine Art modernen Gehrock, da hätte ich ohnehin nicht helfen können …

Geradezu »unwirklich« komme ihm das alles im Nachhinein vor, schrieb mir Markus Lanz später, und auch ich werde diese letzte Begegnung mit Papst Benedikt nie vergessen. Das letzte Gespräch.

Das letzte Gespräch begann mit einer Talk-Show. Wieder einmal konnte ich bei Markus Lanz ein neues Buch vorstellen. Diesmal war es ein Kirchenthema: »Der Skandal der Skandale – Die geheime Geschichte des Christentums«, aber es war bei der Sendung auch um Politik gegangen, um Deutschland, um Europa und um Donald Trump. Danach saß ich noch lange mit Markus Lanz alleine zusammen, wir unterhielten uns über dies und das, und plötzlich sagte er, er habe einen Herzenswunsch, er würde so gerne noch einmal Papst Benedikt begegnen. Ich war überrascht und fragte, warum. Er habe ihn als Kardinal kennengelernt und sei davon sehr berührt worden. Ich sah sofort, das war ganz ernst gemeint. Und so gab ich diesen Wunsch weiter. Am 11.4.2018 kam die Nachricht aus Rom: »Sie haben am 30.4. um 12.30 zusammen mit Markus Lanz einen Termin bei Papst Benedikt.« Ich teilte das umgehend Markus Lanz mit und er antwortete prompt: »Das ist der Hammer …«

Und so saßen wir nun am Sonntag, dem 29. April 2018 abends um zehn in meinem Stammlokal am Borgo Pio und tauschten unsere Erfahrungen aus, die wir mit Kardinal Ratzinger, Papst Benedikt, in den Jahren zuvor gemacht hatten. Gerade vor einer Stunde war Markus Lanz an der Porta Sant'Anna aus dem Taxi gestiegen, wir konnten noch kurz in die Sixtinische Kapelle gehen, wo zufällig gerade der Chor der Capella Sistina für eine Fernsehaufnahme sang, Markus Lanz kannte den Dirigenten. Schon das war alles unwirklich gewesen, diese himmlisch reinen Stimmen in diesem herrlichen Raum, der durch die Fresken Michelangelos eine der kraftvollsten Verkündigungen des Christentums ist. Und nun 700 Meter entfernt Spaghetti und Erinnerungen an Kardinal Ratzinger.

Ich hatte ihn zum ersten Mal persönlich kennengelernt, als ich 1980 bis 1982 zwei Jahre lang als Mitarbeiter von Professor Erwin Gatz im Deutschen Kolleg am Campo Santo Teutonico im Vatikan lebte. Kardinal Ratzinger war von Papst Johannes Paul II. zum Präfekten der Glaubenskongregation ernannt worden und seine Wohnung musste erst noch hergerichtet werden. So wohnte er drei Monate in unserem Kolleg. Er war völlig unzeremoniell, bescheiden und von einer geistreichen Heiterkeit, die nie oberflächlich war. Er liebte den witzigen Schlagabtausch, auch die Ironie. Nie habe ich ihn bierernst erlebt, nie verbittert oder resignativ, auch später nie. Nie hat er aggressiv über Gegner gesprochen, sondern auch da gerne mit einer Prise Humor, die sogar Kritik menschlicher machen kann. Zur Macht hatte er immer eine eher ironische Distanz. Seiner eigenen Macht war er sich wohl nie so ganz bewusst und wenn überhaupt, dann als Pflicht dem Amt gegenüber. Einmal fragte er mich, wenn ich mich recht erinnere, es kämen gute Freunde von ihm, die wollten in die Sixtinische Kapelle, wo die sich denn anstellen müssten. Ich sagte ihm, er sei ja schließlich der Präfekt der Glaubenskongregation, und da müsse er nur beim Präfekten des Päpstlichen Hauses anrufen, dann könnten die da einfach so rein, ohne sich in eine Schlange stellen zu müssen. Das schien ihm ganz neu und er bedankte sich herzlich. Regelmäßig hielt er die Heilige Messe bei uns im Campo Santo am Donnerstagmorgen, was er auch später, als er schon in seiner neuen Wohnung war, beibehielt. Da sagte er zu Anfang einige geistliche Worte, manchmal nur drei oder vier Sätze, aber das ohne jede Bildungshuberei mit einer spirituellen Tiefe, wie ich das bei kaum einem anderen Menschen je erlebt habe. Im Ton klang das ganz unaufgeregt und stets in einem fast gesungenen Bayerisch. Traditionell hielt er bei uns die Predigt an Karfreitag. Ich kann mich nur an ganz wenige Predigten meines Lebens wirklich erinnern, darunter sind aber zwei dieser Karfreitagspredigten. Einmal sprach er nur über den Ausruf Jesu: »Mich dürstet.« Ich weiß noch, wie es ihm gelang, dass man in diesem Durst des Gottessohnes die geradezu sinnliche Sehnsucht Gottes nach Erlösung und Befreiung der Menschen von aller Last und Not spüren konnte. Ein andermal war es nur das Schweigen Christi, über das er sprach, das Schweigen Christi vor Pilatus. Und ich erinnere noch das Zitat von Ignatius von Antiochien: Nur wer das Schweigen Christi richtig versteht, kann auch seine Worte verstehen. Es waren keine theologischen Vorlesungen, die er als Predigt hielt, es waren Einführungen in die Geheimnisse Gottes, in die Mystik.

Nach dem Donnerstaggottesdienst war er beim Frühstück wieder zu jedem Scherz aufgelegt, vor allem auch zur Ironie, die aber nie verletzend wurde. Als ich dann nach Deutschland zurückkehrte, sah ich ihn zunächst nur noch selten und mehr aus der Ferne. Ende der 80er-Jahre hatte ich mich stark mit der Hospizbewegung beschäftigt und dabei den Oratorianerpater Dr. Paul Türks kennengelernt, der gegen viele Widerstände mit heiligmäßiger Leidenschaft und einer großen inneren Gelassenheit das erste Hospiz in Deutschland gegründet hatte, im Haus Hörn in Aachen. Jahrelang brachte ich immer wieder Journalisten und andere Interessierte dahin, die schnell Feuer fingen und die wichtige neue Hospizidee in alle Welt trugen. Nur bei der katholischen Kirche zündete gar nichts. Die katholische deutsche Bischofskonferenz hatte auf eine Anfrage der Bundesregierung mit den Worten reagiert: Wir brauchen keine Hospize, wir haben schließlich katholische Krankenhäuser. Die hatten also überhaupt nichts verstanden. Auch der Caritasverband war nicht hilfreich, da sah man Hospize damals noch als Angriff auf die bewährten Institutionen. Darauf reagierte Türks humorvoll enttäuscht mit dem Hinweis, die hätten ja mit ihrer wunderbaren Schreibtischvermehrung schließlich genug zu tun. Aber es war schon klar: Es verletzte ihn, dass ausgerechnet seine Kirche, der er sein ganzes Leben lang treu diente, so wenig verstand, dass Hospize etwas ganz anderes waren als Krankenhäuser, dass sie für alle Menschen »die letzten Gasthäuser auf dem Weg zu Gott« seien, wie er sich ausdrückte. Als Pater Türks eines Tages beiläufig erwähnte, dass er eine Zeit lang zusammen mit Kardinal Ratzinger studiert hätte, kam ich auf die Idee, einen Termin für ihn in Rom zu organisieren. Damals, es mag 1990 gewesen sein, sprach ich lange mit Kardinal Ratzinger, betonte, dass die Kirche in der Abtreibungsfrage zu spät gekommen sei, denn sie trat zwar entschieden für das ungeborene Leben ein, aber sie verfügte kaum über Hilfen für Frauen in Not, das holte man dann eilig nach. Es war aber damals meine Überzeugung, dass die gesellschaftliche Debatte am Ende des Lebens noch viel heftiger würde als am Beginn und Hospize Orte seien, wo man menschenwürdig sterben könne, also nicht allein oder mit unerträglichen Schmerzen. Dort stehe nicht Lebensverlängerung, sondern liebevolle Sterbebegleitung im Vordergrund. Nur wenn die Kirche die Hospizbewegung glaubwürdig unterstütze, sagte ich ihm, könne sie überzeugend der kommenden Euthanasiebewegung entgegentreten. Kardinal Ratzinger begriff die Lage sofort, ließ mich eigens am nächsten Tag erneut kommen, gab dann ein Interview bei der katholischen Nachrichtenagentur, das, wie mir Pater Türks später versicherte, den Durchbruch für die katholische Hospizbewegung in Deutschland brachte. Paul Türks selber traf sich in Rom mit Kardinal Ratzinger, und die deutsche Bischofskonferenz berief eine Kommission, zu deren Mitgliedern Türks und andere Förderer der Hospizbewegung der ersten Stunde zählten und die ein sehr gutes Papier erstellte, das die Position der katholischen Kirche in Deutschland zur Hospizbewegung radikal änderte. Heute sind christliche Hospize Leuchttürme einer menschlichen Sterbekultur in Deutschland.

In diesen Jahren traf ich Kardinal Ratzinger nur selten, meist gab es konkrete Anlässe. Doch eines war faszinierend: Auch wenn wir uns ein Jahr lang nicht gesehen hatten, knüpfte er stets bei unseren Gesprächen präzise da an, wo wir vor einem Jahr aufgehört hatten. Ich habe in meinem ganzen Leben nie einen Menschen mit einem auch nur annähernd so brillanten Gedächtnis erlebt wie Joseph Ratzinger und wohl auch nie jemand so Gescheites, wobei Gescheitheit an sich noch nichts Bewundernswürdiges ist. Niemand kann etwas für die Fähigkeiten und Unfähigkeiten, die der liebe Gott einem gegeben hat.

Gescheite Menschen können mitunter anstrengend, skurril oder arrogant sein. Doch nichts von alldem war Kardinal Ratzinger. Zwar war er auch nicht eigentlich schüchtern, aber nie auftrumpfend und vor allem stets andere stützend und wertschätzend, gerade wenn sie ihm offensichtlich intellektuell weit unterlegen waren.

Ende der 90er-Jahre traf ich ihn dann wieder etwas häufiger. Da ging es unter anderem um die Frage, ob der Hirntod der Tod des Menschen sei. Entgegen der landläufigen Meinung ist das keine medizinische, sondern eine anthropologische Frage. Kardinal Ratzinger war bei dem Thema eher zurückhaltend. Seine Schwester war hirntot gewesen, und er hatte nicht den Eindruck, dass sie da tot gewesen sei. Er kannte die Argumente beider Seiten sehr gut, hielt sich aber mit einer Entscheidung zurück. Da platzte im Sommer des Jahres 2000 eine Ansprache Papst Johannes Pauls II. in die Debatte, in der der Papst erklärte, der Hirntod scheine der Tod des Menschen zu sein. Die Anhänger des Hirntodkonzepts jubelten und erklärten in der Päpstlichen Akademie für das Leben, deren Mitglied ich war, das sei nun vom Lehramt entschieden. Am nächsten Tag saß ich bei Kardinal Ratzinger, der meinte, da müsse sich »der Santo Padre« sicher noch mal äußern. Ich erklärte ihm, das sei aber jetzt dringend, denn man schreibe schon Lehrbücher darüber, ich selber würde mich mit meiner hirntodskeptischen Haltung öffentlich jetzt nicht mehr dazu äußern, denn ich wolle ja nicht öffentlich den Papst kritisieren. Darauf er amüsiert: »Warum denn nicht?« – »Der Präfekt der Glaubenskongregation fordert mich auf, den Papst öffentlich zu kritisieren?« – Er wieder amüsiert: »Ja!« – »Kann ich das auch öffentlich sagen?« – »Ja!« Und so ging ich am nächsten Tag zur Akademiesitzung und berichtete, Kardinal Ratzinger habe erklärt, die Hirntodfrage sei keineswegs lehramtlich entschieden, sie sei selbstverständlich weiter Gegenstand einer kontroversen wissenschaftlichen Debatte. Später als Papst erklärte er immer wieder, was er jetzt sage oder schreibe, könne selbstverständlich kritisiert werden.

Als es dann um die Jahrtausendwende hoch herging in Deutschland und die Bischöfe sich heftig in den Haaren lagen, erlebte ich Kardinal Ratzinger zwar klar, aber nie verbittert, aggressiv oder resigniert, wie man das bei anderen Protagonisten des Streits erleben konnte. Er strahlte unverändert eine serene Heiterkeit aus, und als Kardinal Meisner in Köln mal wieder unter einigen Angriffen zu leiden hatte, verabschiedete Ratzinger sich am Ende eines Gesprächs lächelnd mit den Worten: »Trösten Sie Ihren Kardinal!«

Am 20. Oktober 1999 referierte ich auf einer nichtöffentlichen Tagung, die die vatikanische Kleruskongregation zum Thema Pädophilie und Kindesmissbrauch organisiert hatte. Es waren die Spitzen der römischen Kurie vertreten, etwa 15 Kardinäle und Erzbischöfe, darunter auch Kardinal Ratzinger. Die Tagung schien darauf angelegt, den Bischöfen Nordamerikas, die härter gegen Missbrauchstäter vorgehen wollten, in den Arm zu fallen. Vor mir gab es einen moraltheologischen Vortrag, der in diese Richtung zielte.

Da meldete sich Kardinal Ratzinger zu Wort, lobte höflich den Fleiß des Referenten, aber vertrat dann in freundlichem Ton eine diametral entgegengesetzte Auffassung. Kindesmissbrauch sei ein entsetzliches Verbrechen, das müsse in aller Entschiedenheit bekämpft werden. Die Bischöfe seien in einer schwierigen Situation und da müsse man sie von Rom aus unterstützen. Es entspann sich eine zum Teil leidenschaftliche Debatte, aber Ratzinger blieb bei seinem Standpunkt. Damals schon, aber auch später erlebte ich ihn als denjenigen an der Kurie, der am entschiedensten für konsequentes Vorgehen gegen die Täter und Hilfen für die Opfer eintrat. Als dann kurz darauf Papst Johannes Paul II. entschied, dass alle derartigen Fälle von der Glaubenskongregation behandelt werden sollten, suchte ich ihn auf. Es entspann sich folgendes Gespräch. »Herr Kardinal, der Papst hat die Zuständigkeit für Missbrauchsfragen an Ihre Kongregation überwiesen und die internationale Presse begrüßt das nach dem Motto: Der Papst kümmert sich. Aber wenn hier an der Kongregation der erste Fall schiefgeht, dann ist richtig Feuer unterm Dach, und hier bei Ihnen kennt sich doch keiner fachlich genügend mit dem Thema aus. Ich schlage vor, einen Kongress mit international führenden Experten zu organisieren ...« – »Ja, machen Sie das!« – »Herr Kardinal, ich finde das Thema eher belastend, ich habe selber noch kleine Töchter, ich mach das nur, wenn Sie sagen, dass Sie das wollen ...« – »Ich will das!« Damit begann die Organisation des ersten Kongresses zu diesem Thema im Vatikan, der dann 2003 stattfand und dessen Ergebnisse 2004 auf Drängen von Kardinal Ratzinger auch publiziert wurden. Innerhalb von weniger als fünf Minuten hatte Ratzinger das Problem erkannt und entschieden. Vorher hatte ich einem anderen Kardinal denselben Vorschlag gemacht. Der hatte an den Rand des entsprechenden Dossiers geschrieben: »Sollte man mal drüber nachdenken ...« Während des Kongresses war Ratzinger von einigen Referenten beim Abendessen darauf angesprochen worden, dass das »Zero-Tolerance-Principle« der amerikanischen Bischofskonferenz problematisch sei, denn wenn man den Tätern keine soziale Perspektive böte, wären sie rückfallgefährdet. Doch Ratzinger verteidigte die amerikanischen Bischöfe uneingeschränkt. Wer so etwas als Priester tue, dem müsse mit aller Konsequenz begegnet werden. Auch später als Papst griff er auf diesem Gebiet noch konsequenter durch als sein Vorgänger, der sich durch die Perfidie des Gründers der Legionäre Christi blenden ließ, aber auch als sein Nachfolger, der sich zu Anfang seines Pontifikats zum Beispiel in Chile zu folgenschweren Fehlurteilen verleiten ließ und erst später zu einem stringenten Vorgehen fand.

Übrigens muss wohl davon ausgegangen werden, dass Ratzinger diese Sensibilität für das Missbrauchsthema erst in seiner Zeit als Präfekt der Glaubenskongregation erwarb. Er war immer von Herzen Professor gewesen und hatte schon die Ernennung zum Erzbischof von München und Freising als Last empfunden, zumal er, wie er in seiner Autobiografie schrieb, sich wenig für administrative Vorgänge geeignet fand. Er war nur fünf Jahre von 1977 bis 1982 in einer Zeit in München, in der die Öffentlichkeit und auch die Wissenschaft das Thema Kindesmissbrauch noch sträflich vernachlässigten. Der Umschwung trat erst durch das Verdienst feministischer Beratungsstellen zu Beginn der 90er-Jahre ein. Da war Ratzinger längst in Rom. In seiner Zeit als Erzbischof von München und Freising hat er offenbar die Personalentscheidungen in der damals üblichen Weise weiterlaufen lassen. Und üblich war in allen Bistümern die Delegation pädophiler Vorfälle an Psycho-Experten – die zum Teil aus heutiger Sicht unverantwortliche Prognosen stellten. Besonders skandalös, dass weder die Psycho-Experten noch die kirchlichen Verantwortlichen die von sexueller Gewalt Betroffenen in den Blick nahmen, aus Inkompetenz, Scham oder Gleichgültigkeit.

Im Januar 2022 warf ein Gutachten Joseph Ratzinger vor, damals in vier Fällen pflichtwidrig gehandelt zu haben. In einem fragwürdig formulierten, aber von ihm unterzeichneten, juristischen Schriftsatz hatte er die Fragen der Gutachter beantworten lassen, wobei dabei – durch ein Versehen, wie er später versicherte – seine Anwesenheit bei einer Sitzung fälschlicherweise bestritten worden war. Außerdem erklärte er, in allen vier ihm vorgeworfenen Fällen keine Kenntnis von der Missbrauchsvorgeschichte der betreffenden Priester gehabt zu haben. Obwohl die Gutachter keine eindeutigen Beweise für ihre Vorwürfe vorlegen konnten, legte sich aber auf diese Weise ein Schatten über seine Zeit als Erzbischof von München und Freising.

Zurück nach Rom: Schon anlässlich des ersten Gesprächs mit den führenden Kurienmitarbeitern im Jahre 1999 hatte ich beim Auftreten Kardinal Ratzingers bemerkt, welche Achtung die anderen Kardinäle und Bischöfe ihm entgegenbrachten. Wenn er den Raum betrat, trat man spontan leicht beiseite. Es war keine Angst, es war so etwas wie Ehrfurcht, was man da spürte. Dabei tat Ratzinger selber nichts dazu, er war stets bescheiden und freundlich, immer zu ein paar witzigen oder ironischen Bemerkungen bereit, um die Atmosphäre zu entspannen. Ich war damals überzeugt, dass eigentlich kein Deutscher

Papst werden könnte, aber wenn es ein Kurienkardinal werden würde, dann, da war ich ziemlich sicher, konnte es nur Kardinal Ratzinger sein.

Als er auf seinen 75. Geburtstag zuging, hieß es, er wolle endlich nach Deutschland, um Bücher zu schreiben. Da nahm ich mir bei einem Besuch ausnahmsweise eine persönliche Bemerkung heraus. An der Tür sagte ich ihm bei der Verabschiedung: »Herr Kardinal, gestatten Sie mir eine persönliche Bemerkung. Ich finde, Sie können jetzt Papst Johannes Paul II. nicht in der letzten Phase allein lassen.« Er schaute mich ernst an und entgegnete: »Das wollen wir alles dem Heiligen Geist überlassen.«

Unvergesslich war dann seine Predigt beim Requiem für Papst Johannes Paul II.: »Wir können sicher sein, dass unser geliebter Papst jetzt am Fenster des Hauses des Vaters steht, uns sieht und uns segnet. Ja, segne uns, Heiliger Vater ...« Die Predigt vor dem Einzug der Kardinäle ins Konklave war das gerade Gegenteil einer Bewerbungsrede. Er warnte in leisem Ton, aber mit kraftvollen Worten vor der »Diktatur des Relativismus«. Er war ganz sicher nicht gewillt, irgendjemandem nach dem Mund zu reden. Bei einer ZDF-Talkshow wurden alle Teilnehmer gefragt, welchen Papst sie sich wünschen würden. Meine Antwort war: »Ein Papst, der mich fruchtbar irritiert.« Und dann kam Ratzinger. Damit hatte ich wirklich nicht gerechnet. Am Tag vor der Wahl hatte die Sendung »Hart aber fair« bei mir angerufen: Wenn ein Deutscher gewählt würde, würden sie eine Sendung dazu machen. Ob ich dann kommen könnte. Ich erklärte das für völlig abwegig. Und dann stand ich einen Tag später in der Sendung. Es gab die üblichen absurden Stichworte: »Panzerkardinal«, »Die Wende in Tübingen«, »Der Konservative«. Nach der Sendung erklärte mir Professor Hasenhüttl, den gerade der Trierer Bischof Marx vom Priesteramt suspendiert hatte, dass er so empört sei, dass Ratzinger da nicht eingegriffen hatte, er habe ihn bisher immer geschützt, sie kennten sich schließlich aus Tübingen. Da nahm ich die Gelegenheit wahr, ihn zu fragen, ob das Gerücht stimme, dass Ratzinger aus Münster nach Tübingen gewechselt sei, weil er in Münster mit seinem Assistenten Böckenförde nicht klargekommen sei und es nicht übers Herz gebracht habe, dem zu kündigen. Hasenhüttl bestätigte das mit allem Ernst. Auch später sollte es Joseph Ratzinger immer schwerfallen, harte, aber nötige Personalentscheidungen zu fällen. »Bertone bleibt! Bertone bleibt! Bertone bleibt!«, soll er gerufen haben, als Kardinal Meisner die Abberufung des Kardinalstaatssekretärs forderte. Und er soll dabei sogar leicht auf den Tisch gehauen haben, aber nicht mit der ganzen Hand, sondern nur mit den Fingerknöcheln. Seinen Mitarbeitern gegenüber habe auch ich ihn immer als fast grenzenlos loyal erlebt. Das gilt bis zum Schluss, als er in seinem Schreiben nach dem Münchner Gutachten nicht den Hauch von Kritik an den »Freunden« übte, die einen zwar juristisch korrekten, aber für einen ehemaligen Papst ganz unangemessenen Text in seinem Namen an die Münchner Kanzlei geschickt hatten und dabei einen Fehler bei der Frage nach seiner Anwesenheit bei einer Sitzung gemacht hatten, der zu einem Me-

dieneklat führte. Statt Kritik äußert er überschwäng-
lichen Dank.

Etwa ein halbes Jahr nach seiner Wahl zum Papst
hatte ich eine Privataudienz. »Ich weiß, ich habe nur
15 Minuten«, begann ich, »ich habe mich gestoppt, ich
brauche nur elf.« – »Gerne auch länger«, lachte er. Ich
hatte damals vor allem die Sorge, dass er bei einem
Schlaganfall für lange Zeit ins Koma fallen könnte.
Das katholische Kirchenrecht war spätestens seit dem
Streit mit den Konziliaristen im 15. Jahrhundert vor
allem darauf ausgerichtet, dass es keine Instanz geben durfte, die über den Papst bestimmen könnte.
Diese Sorge war inzwischen aber völlig anachronis-
tisch. Die Lage hatte sich durch die moderne Medizin
geradezu umgekehrt. Was würde passieren, wenn ein
gültig gewählter Papst schlagartig für zehn Jahre ins
Koma fiele? Es könnten dann zehn Jahre lang keine
Bischöfe mehr ernannt, überhaupt auch sonst nichts
Wichtiges entschieden werden, und es gab nieman-
den, der den Papst für amtsunfähig erklären könnte,
sodass die Wahl eines neuen Papstes möglich wäre.

Da ich annahm, dass ich vielleicht der einzige neurologisch ausgebildete Mensch war, der ihm so nahestand, dass er ihn darauf ansprechen konnte, nahm ich mir ein Herz und sagte: »Heiliger Vater, Sie sind ein Risikopatient. Ihre Mutter und Ihre Schwester sind meines Wissens an Schlaganfällen gestorben, und auch Sie selber haben, soweit ich weiß, schon zwei kleinere derartige Ereignisse durchgestanden. Es wäre wichtig, wenn Sie da Regelungen vorsehen würden.« Er reagierte ganz erschrocken, als ich darauf hinwies, dass damals der israelische Ministerpräsident Sharon ja schon mehrere Jahre im Koma lag etc. Anlässlich eines späteren Treffens sagte er mir, dass er sich um die Angelegenheit gekümmert habe. Bei diesem ersten Mal brauchte ich gar nicht auf die Uhr zu schauen, denn nach etwa 15 Minuten wurde die Tür zum Arbeitszimmer aufgerissen und ein paar Fotografen stürmten herein. Er stand auf, nahm mich beim Arm und stellte mich neben sich an die Wand mit der Bemerkung: »Das ist jetzt neu, das müssen wir leider über uns ergehen lassen.« Genauso sieht das Foto denn auch aus.

Als Papst sah ich ihn dann nur noch selten, meist bei Gruppenaudienzen für den Päpstlichen Rat für die Laien oder die Päpstliche Akademie für das Leben. Ich konnte dann nur ein paar Worte wechseln, aber auch da war er immer ganz präsent, erinnerte irgendetwas, was ich längst vergessen hatte, oder machte einen Scherz.

Als wir mit unseren Töchtern und vielen anderen Jugendlichen im Jahre 2011 beim Weltjugendtag in Madrid waren, konnte ich ihn natürlich nur ganz von ferne sehen. Aber ich erinnere mich gut, wie ich am letzten Abend inmitten der unübersehbaren Masse junger Leute stand und mir plötzlich klar wurde, was für ein ergreifender historischer Moment das war: 66 Jahre nach dem schrecklichen Zweiten Weltkrieg, den Deutsche über die Welt gebracht hatten, jubeln zwei Millionen junge Menschen aus buchstäblich allen Ländern der Erde mit echter Begeisterung, ja Liebe einem Deutschen zu, diesem kleinen alten Mann aus Bayern, der ihnen nicht auftrumpfend, sondern bescheiden mit einfachen, fast zärtlichen Worten ins Herz sprach.

Der Rücktritt von Papst Benedikt traf mich ganz un-
erwartet. Ich war am Rosenmontag in Vollverklei-
dung auf der WDR-Tribüne in Köln, als mir ein WDR-
Journalist sagte, der Papst sei zurückgetreten. Ich hielt
das erst für einen schlechten Scherz, aber dann sollte
ich, notdürftig abgeschminkt und in einem schrecklichen roten Pullover, ein Interview zum Papstrücktritt
geben. Bei meinem ersten Besuch bei Papst Benedikt
nach seinem Rücktritt, er war bereits in das kleine
umgebaute Kloster »Mater Ecclesiae« in den Vatikanischen Gärten gezogen, habe ich mich dann auch bit-
ter beklagt, dass ausgerechnet er, der doch in Bonn an
der Universität, wie er immer sagte, eine schöne Zeit
verbracht habe, uns Rheinländern den Rosenmontag
verdorben habe. Er entschuldigte sich lachend, daran
habe er nun wirklich nicht gedacht. Ich war damals
bei ihm, um ihm gemeinsam mit Kardinal Cordes
ein Buch zu überreichen, das ich zusammen mit dem
Kardinal geschrieben hatte: »Benedikts Vermächtnis, Franziskus' Auftrag: Entweltlichung. Eine Streit-
schrift.« Da spielte vor allem seine »Freiburger Rede«
eine Rolle, in der er ganz unbefangen die Heilsam-

keit der Säkularisation für die Kirche beschrieb und auch für die heutige Kirche einen Verzicht auf zu viel Macht und Geld ins Spiel brachte. Das hatten manche aus dem kirchlichen Establishment überhaupt nicht gerne gehört. Aber so etwas hatte schon Kardinal Ratzinger nie gestört. Nach dieser halbstündigen Audienz standen wir noch etwas herum, weil niemand kam, um uns hinauszubegleiten. Da nahm Kardinal Cordes Papst Benedikt bei den Schultern und sagte: »Ich muss dir noch eine Geschichte von Kardinal Jäger (Erzbischof von Paderborn 1941 bis 1973) erzählen!« Wie aus der Pistole geschossen reagierte Benedikt amüsiert: »Die hast du mir schon erzählt und ich sag dir auch, wie sie ausging ...« So etwas amüsierte ihn – und uns.

Als ich dann noch einmal alleine bei ihm war, zeigte er beim Abschied noch auf ein paar Bildchen von ihm, die auf dem Tisch lagen: »Da können Sie sich gerne eins mitnehmen ...« – Zögern – »aber nein, lassen Sie es lieber, dieser Personenkult ist doch schrecklich ...«

Als ich ihm das letzte Mal begegnete, war er noch alleine ins Zimmer gekommen, und ich fragte ihn, wo er denn sitze. Er zeigte auf das Sofa, da sei es besser, weil er mit einem Ohr schlecht höre. Ich erwiderte, ich hörte auch inzwischen schlecht, ich sei schließlich schon über 60. Da lachte er und meinte, der Ärger fange erst mit 80 an …

Das war meine bisherige Geschichte mit Papst Benedikt, und jetzt saß ich da mit Markus Lanz in einem Restaurant in Rom vor meinem vielleicht letzten Gespräch mit diesem eindrucksvollen Menschen.

»DAS EINZIGE, WAS BLEIBT, IST DIE SEELE, DIE LIEBE UND DIE GESTE, DIE DAS HERZ ZU BERÜHREN VERMAG.«

MARKUS LANZ

Es gibt sie tatsächlich, Momente, die die Art und Weise, die Welt zu sehen, verändern. Ich weiß das, seitdem ich einem Mann begegnet bin, der damals noch Joseph Ratzinger hieß. Und dessen Bild in der Öffentlichkeit schon damals seltsam widersprüchlich war. Für die einen war er der »brillanteste Theologe der Welt«, für die anderen der »Panzerkardinal«. Selbst seine Gegner bewunderten ihn, selbst seine Freunde haderten mit ihm.

Als wir uns zum ersten Mal trafen, kam ich gerade von der Reise meines Lebens zurück. Im April 2003 war ich mit zwei Freunden unter etwas abenteuerlichen Umständen von einem russischen Zeltlager irgendwo im Nordpolarmeer aufgebrochen, um auf

Skiern zum Nordpol zu gelangen. Man sollte so etwas nicht machen, wenn man bessere Hobbys hat; es ist die Art von Urlaub, die erst hinterher schön wird. Andererseits: Wer wochenlang durch eine Eiswüste läuft, entwickelt nicht nur ein besonders sinnliches Verhältnis zu warmen Duschen. Er beginnt plötzlich auch zu ahnen, warum es sinnvoll sein kann, solche Dinge zu tun. Warum es beruhigend sein kann, über Tage und Wochen hinweg einfach nur geradeaus zu laufen, zu atmen, zu sein. Warum sich Menschen bis heute als Eremiten in die Wüsten Israels zurückziehen. Oder in die Einsamkeit eines Klosters auf einer Insel irgendwo im Hochland von Äthiopien.

Ich war einmal auf so einer Insel im Tanasee. Der Besuch war erst nach langem Hin und Her möglich geworden. Eine Handvoll Mönche lebt dort bis heute fast vollkommen isoliert und nach strengen Regeln. Dazu gehört beispielsweise, dass es ihnen erst nach Sonnenuntergang erlaubt ist zu essen. Dazwischen fasten sie. Jeden Tag. Besonders verstörend aber ist etwas anderes. Die jungen Mönche brechen alle Brücken zurück in ihr altes Leben ab und sehen ihre Familien nie wieder. Als ich einen von ihnen, einen jungen Mann aus einer wohlhabenden äthiopischen Beamtenfamilie, fragte, wie denn seine Eltern mit dieser Art von Endgültigkeit umgegangen seien, berichtete er, wie sie versucht hatten, ihn von seinem Vorhaben abzubringen. Doch er wollte genau das und beschrieb sein Lebensgefühl mit einem eindringlich düsteren Satz: »Ich bin tot für die Welt, und die Welt ist tot für mich.« Das Irritierende war: Er lächelte dabei und wirkte ganz und gar nicht gequält, sondern auf seltsame Weise heiter und frei.

In einer Welt wie unserer, in der alles berechenbar sein muss, rational und vor allem ökonomisch sinnvoll, ist ein solches Leben eine Zumutung. Eine Ungeheuerlichkeit. Und natürlich stellte ich ihm damals die Frage, die ein Mensch aus meiner Welt wahrscheinlich fast zwangsläufig stellen muss: die Frage nach dem Warum. Welchen Sinn hatte all das? Dabei ahnte ich die Antwort: Das gesamte Leben des jungen Mönchs auf dem Tanasee, der vom ständigen Fasten so geschwächt war, dass er unser Gespräch alle zehn Minuten unterbrechen musste, um wieder neue Kräfte zu sammeln, war nicht nur dem Verzicht gewidmet, sondern vor allem dem Ringen um Erkenntnis. Um Antworten. Andere Antworten als die, die wir üblicherweise geben. Er hat mir später berichtet von Menschen aus allen gesellschaftlichen Schichten, die den Rat der Eremiten auf dem Tanasee suchen, Menschen, mit allen denkbaren Sorgen und Nöten: Ehekrisen, Streit in der Familie, Verlust, Tod. Das, was die Mönche taten, war nur auf den ersten Blick weltfremd und sinnlos. Wer genauer hinsah, merkte: Ihr Leben, ihr Ringen um Wahrheit und Versöhnung war wertvoll für die kleinen Dorfgemeinschaften rund um den See – und ist es vielleicht mehr denn je.

Und wie sich die Geschichten gleichen!

Ähnliches erzählte mir Jahre später Vater Konstantinos aus dem Georgskloster im Westjordanland. Er hatte ein sehr angenehmes Leben als Spross einer wohlhabenden Familie in Griechenland aufgegeben, um den Rest seines Lebens als Mönch in einer kargen Zelle zu leben, in ebenso spektakulärer wie sinnloser Lage: wie angeklebt an den steil abfallenden Wänden im Wadi Qelt nahe Jericho, einer der berühmtesten Felsschluchten der Welt. Nicht unwahrscheinlich, dass Jesus einst den Weg durch das enge Tal genommen hat, um nach Jerusalem zu gelangen.

Und Ähnliches hörte ich vor ein paar Jahren auch von den letzten Nonnen eines Klosters, das fast 4000 Kilometer weiter nördlich liegt, ähnlich ausgesetzt, auf einem dramatischen Felsen erbaut, eine der ältesten und schönsten Anlagen Südtirols: Kloster Säben. Der älteste Teil stammt aus dem 6. Jahrhundert. Von hier aus begann wohl die Christianisierung Tirols, von hier aus verbreitete sich in den bitterarmen, engen Bergtälern zum ersten Mal die Idee der Nächstenliebe – ein mythischer Ort.

Bei meinem ersten Besuch lebten noch sechs Benediktinerinnen dort, darunter die über 90 Jahre alte ehemalige Äbtissin Marcellina, seit Jahren ans Bett gefesselt, und es gab nur eine einzige Novizin, die sich auf ein Leben als Nonne vorbereitete. Doch was würde das für ein Leben sein? Und was für eine Zukunft? Ungewiss. Schon vor vielen Jahren wollten die – männlichen – Verantwortlichen des Benediktiner-Ordens die letzten Nonnen von Säben dazu bewegen, das Kloster zu verlassen: zu teuer, zu umständlich, zu unprofitabel. Nur der Beharrlichkeit von Mutter Ancilla, der amtierenden Äbtissin war es zu verdanken, dass die Schwestern noch da waren. Die kämpferische Ancilla und ihre letzten Getreuen, die im schweren Sturm ausharren bis zum Ende ... Man könnte an dieser Stelle flache Metaphern benutzen oder eine Heldengeschichte erzählen, aber so war es nicht. Kloster Säben war kein Ort, an dem erbittert gekämpft wurde um Interessen oder gar einen Platz in der Welt. Nein, das alte Kloster war einer der friedlichsten Orte, an denen ich jemals war, ein Ort der Hoffnung.

Das Ende kam leise. Irgendwann im Sommer 2021 waren sie nur noch zu viert und mussten gehen. Die Äbtissin hatte sich den Regeln ihres Ordens beugen müssen. Regeln, von Männern erdacht, von Frauen zu befolgen, die besagten: Vier reichen nicht. Es brauche mindestens fünf Schwestern für ein gutes Gemeinschaftsleben. Wirklich? Die Äbtissin sieht das wohl bis heute anders.

Natürlich ist dieser Ort auch ohne die letzten Nonnen immer noch etwas Besonderes, ein bisschen nostalgisch vielleicht, wie die etwas zu dramatisch geratene Kulisse aus einem Roman von Umberto Eco. Aber was sonst? Welchen Sinn hatte es, dass die letzten Nonnen so lange oben auf dem Berg ausharrten?

Die Antwort darauf gab mir ausgerechnet ein anderer Benediktiner: Pater Nikodemus, der seit vielen Jahren in der weltberühmten Dormitio-Abtei auf dem Zionsberg in Jerusalem lebt. Er nennt Plätze wie Kloster Säben »durchbetete Orte«, die, so glaubt er, allein deshalb wertvoll sind für die Menschheit, weil all die anderen, die dort durch die

Jahrhunderte hinweg vorbeigekommen sind, immer auch etwas dort gelassen haben: von ihren Gebeten, von ihren Hoffnungen und Träumen, von ihren guten Absichten.

Man sollte sich nichts vormachen: Im 21. Jahrhundert als Mönch zu leben, ist eine Provokation. Wer heute noch Mönch wird, gilt zumindest als etwas seltsam. Noch nicht verrückt, aber die Tassen im Schrank werden weniger.

Genau deshalb ist es aber auch so inspirierend. Und es verändert den Blick auf das Leben. Tief im Inneren der Mongolei bin ich vor Jahren einem jungen buddhistischen Mönch begegnet, der sich manchmal für viele Monate in die Wildnis zurückzieht. Er bringt Besuchern aus den vibrierenden Hightech-Welten Südostasiens, in denen Ablenkung und Zerstreuung total sind, wieder bei, wie man sich konzentriert. Er verblüffte mich damals mit einer einfachen Aufgabe: Ich möge für die nächsten zehn Sekunden an nichts anderes denken als an einen roten Apfel. Egal, wie kompliziert mein Leben vielleicht gerade sei – es ginge nur um den roten Apfel.

Und nur für die nächsten zehn Sekunden. Natürlich bin ich grandios gescheitert. Und erfuhr, dass wir offenbar nicht mehr in der Lage sind, an einen roten Apfel zu denken, ohne zumindest für den Bruchteil einer Sekunde auch die Möglichkeit in Betracht zu ziehen, dass es ihn auch in Grün geben könnte. Oder in kleiner. Oder runder. Damals habe ich gelernt: Es ist das Zuviel, das uns mürbe macht, nicht das Zuwenig.

Ich glaube, es gibt eine direkte Verbindung zwischen der Mystik des buddhistischen Mönchs in der Mongolei und Vater Konstantinos im Wadi Qelt, zwischen den Eremiten am Tanasee, den letzten Nonnen von Kloster Säben – und Benedikt, dem Mystiker auf dem Papststuhl.

Wer dieses Amt innehat, wird Eigentum der Welt, die ihn umgibt, eine globale Ikone. So, wie 2005: Weltjugendtag in Köln. Es gibt da diese beiden Bilder. Auf dem ersten ein Papst, der auf einem Rheinschiff in die Stadt fährt und dabei seltsam scheu und distanziert wirkt, fast so, als sei er sich nicht sicher, wem der Jubel und die »Benedetto«-Rufe der unzähligen jungen Menschen denn nun eigentlich gelten. Und dann das zweite Bild: der Papst auf dem Marienfeld. Mehr als eine Million Jugendliche, die in ihrer gnadenlosen Fröhlichkeit nicht locker lassen und ihn mit ihrer Begeisterung anstecken, Stück für Stück und Minute für Minute immer noch ein bisschen mehr, und ihn schließlich emotional überwältigen und einfach mitreißen. Die Welt habe ihn davor und danach nie wieder so gelöst erlebt wie damals in Köln – so ist es oft beschrieben worden.

Doch trotz dieser ikonografischen Bilder, trotz der Wirkung, die sie entfalteten, weil Massenmedien sie millionenfach verbreiteten und verstärkten: Wer genauer hinsah, wer heute noch einmal liest, von welchem Geist die Botschaft jener glücklichen Kölner Tage durchdrungen ist, ahnt: Der Blick dieses Papstes ging nie nach draußen, nie, und nicht einmal in Köln. Die Wahrheit lag für ihn immer in der Seele, »von innen her«, so nannte er das. Und ausgerechnet die umjubelte Rede vom Marienfeld ist ein besonders guter Beleg dafür. Trotz der Begeisterung um ihn herum, im »Draußen«, sprach er gleich zu Beginn gut ein halbes Dutzend Mal vom »Innen«, von Jesus, der das »Leben von innen her« trage, vom »inneren Weg der Anbetung«, von der rohen Gewalt der Kreuzigung, die »von innen her zu einem Akt der Liebe« werde; sprach von der »Kernspaltung im Innersten des Seins« und von der »innersten Explosion des Guten«, die das Böse überwinde und aus Hass Liebe mache. In Köln machte er klar, wofür er Ruhm und Applaus hielt: die Befriedigung von Eitelkeit, ein Irrweg. Man muss sehr genau wissen, wer man ist, um all dem so gelassen gegenüberzutreten, wie es dieser Papst getan hat.

Zwei Jahre vorher, im April 2003, war ich mit einem Kamerateam nach Rom gereist, um eine Reportage über das Leben im Vatikan zu drehen. Der Papst hieß damals Johannes Paul II., ein von seiner Parkinson-Erkrankung schwer gezeichneter Mann. Ich habe ihn nur für wenige Augenblicke aus nächster Nähe erlebt. Aber dieser kurze Moment hat ausgereicht, um mir, der ich – wie viele andere im Übrigen auch – seinem demonstrativen Umgang mit der Krankheit vor den Augen der Weltöffentlichkeit durchaus zwiespältig gegenüberstand, klarzumachen, warum dieser Papst noch im Amt war. Ich traf auf keinen gequälten Menschen, der unfähig war, von der Macht zu lassen. Dazu waren die Schmerzen zu offensichtlich, die Anstrengung übermenschlich. Nein, seine Botschaft war eine Frage, eine, die heute pochender denn je an uns alle geht, weil sie ganz direkt und ohne Umwege in das Herz unserer erkaltenden Gesellschaft trifft: Was ist ein Mensch auch dann noch wert, wenn er nicht mehr in der Lage ist zu leisten, abzuliefern, mit ganzer Kraft zu funktionieren? Wenn er alt ist oder schwach? Oder gar von Geburt an nicht dazu in der Lage, weil er vielleicht mit einer Behinderung auf die Welt gekommen ist? Damals existierte die neue kalte Instagram-Welt noch nicht. Aber sie war schon angelegt. Und heute, nur wenige Jahre später, stellt sich genau diese Frage wieder: Wer bist Du, was bist Du wert, wenn man Dich nicht vermessen kann, in Klicks, Likes, Zahlen? Und: Wie lebenswert ist eigentlich eine Welt, in der es nur noch darum geht?

Das für unsere Arbeit viel wichtigere Treffen war für den nächsten Morgen angesetzt. Man hatte uns, vage nur, ein Treffen mit dem Präfekten der Glaubenskongregation in Aussicht gestellt: Joseph Kardinal Ratzinger. Gegen elf Uhr sollten wir uns auf dem Campo Santo Teutonico bereithalten für eine Begegnung mit dem einflussreichsten Deutschen im Vatikan. Bis zum Schluss war nicht klar, ob sie überhaupt stattfinden würde. Ratzinger, so hieß es, sei scheu und überhaupt: Er schätze Interviews nicht besonders. Man hätte das leicht als Zeichen von Desinteresse interpretieren können: Er, der bedeutende Theologe, hielt es nicht für nötig, sich in die medialen Niederungen zu begeben. Doch als er wenig später tatsächlich vor uns stand, wurde mir zum ersten Mal bewusst, wie leicht es war, diesen Mann misszuverstehen.

Da stand kein kämpferischer Großtheologe, kein selbstgefälliger Kirchenfürst, sondern ein kleiner, schmächtiger Mann, den eine irritierende Aura von Heiterkeit umgab. Heiterkeit und Ratzinger – ich kriegte das beim besten Willen nicht zusammen.

Noch nicht.

Das Gespräch entwickelte sich, und es entwickelte sich ganz anders, als ich vermutet hatte. Ich tastete mich vorsichtig heran: Glaube in einer Welt des Überflusses, Krisen, Austritte. Ich erinnere mich nicht mehr an einzelne Wörter, einzelne Sätze. Aber Ratzinger nahm damals vieles von dem, was er später auch als Papst formulierte, vorweg. Und er wiederholte, was er schon in einem Radiointerview mit dem Hessischen Rundfunk 1969 (!) gesagt hatte. Auf die Frage, wie denn wohl die Kirche im fernen Jahr 2000 aussehen würde, malte er damals das Bild einer »geschrumpften Herde, ohne den Schein von Komfort und Konvention« und sagte die Entstehung einer »neuen Urkirche« vorher. Die Kirche von morgen, glaubte er, werde »weder ihre Bauten noch ihre Privilegien halten können«, er nannte sie eine »verinnerlichte Kirche«.

Viel radikaler hätte man es nicht sagen können, denn konsequent zu Ende gedacht, bedeutete dieser Ansatz tatsächlich nicht weniger als eine »Kernspaltung im Innersten des Seins«.

Damals wollte das kaum einer hören; heute ist die Situation vielerorts Realität geworden. Anders formuliert: Präziser ließe sich die Situation des Jahres 2021 auf dem Klosterberg von Säben nicht beschreiben.

Wir sprachen 2003 auch über Mystik. Die Kirche kümmere sich zu wenig um ihr großes mystisches Erbe, hielt ich ihm vor, überlasse die Spiritualität fernöstlichen Religionen. Ratzinger widersprach nicht, sondern begann stattdessen, den inneren, den verborgenen Sinn der Bibel zu erklären, ganz ähnlich wie in dem Radiointerview von 1969: Noch immer, sagte er, gelte das Wort des Augustinus: »Der Mensch ist ein Abgrund. Was daraus aufsteigt, vermag niemand im Voraus zu überblicken.«

Später formulierte er diesen Gedanken neu, deutlich milder und in der nur ihm eigenen Sprachmächtigkeit, mit der er in der Lage war, selbst komplexeste Gedanken in ganz einfache, aber ungeheuer prägnante Sätze zu gießen: »Der Mensch wird immer ein tiefes und unergründliches Rätsel bleiben.«

Als ich merkte, mit welcher Offenheit und Ernsthaftigkeit er gewillt war, auf jede Frage zu antworten, sprach ich auch die heiklen Themen an: Umgang mit Geschiedenen, Frauen als Priesterinnen, Zölibat, Homosexualität, Missbrauchsskandale. Nichts, was ich ihm ersparte, nichts, dem er auswich; Ratzinger antwortete auf alles in bemerkenswerter Offenheit.

Es war dann vor allem die Antwort auf meine letzte Frage, die für mich bis heute so etwas wie der Schlüssel zum theologischen Vermächtnis dieses außergewöhnlichen Menschen ist. Natürlich nicht im Sinne einer fundamentalen, theologischen Abhandlung. Sondern eher im Sinne eines feinen sachdienlichen Hinweises für jedermann, einer theologischen Gebrauchsanweisung für den Umgang mit der täglichen Dosis Wahnsinn; ein bisschen Ratzinger to go. Zum Beispiel dann, wenn die Kassiererin im Supermarkt mal wieder direkt vor unserer Nase Feierabend macht, obwohl wir schon zwanzig Minuten lang in der Schlange ausgeharrt haben. Oder wenn der Busfahrer wieder direkt vor unserer Nase losfährt, weil er so tut, als hätte er in seinem überdimensionierten Rückspiegel beim besten Willen nicht erkennen können, dass da noch einer angehetzt kommt.

Es war eine provokant-naive Frage, die ich ihm stellte, und einige seiner Begleiter stöhnten leise auf: einfach zu irdisch, eigentlich unterirdisch. Später gestanden sie mir, sie hätten befürchtet, dass der Kardinal das Gespräch in dem Moment beenden würde. Seine Reaktion aber fiel ganz anders aus, milde, heiter. Die Frage war: »Können Sie mir denn endlich mal verbindlich sagen, wie der liebe Gott aussieht? Hat er jetzt einen Bart oder hat er keinen?« Schmunzeln. »Wie der liebe Gott genau aussieht, und ob er einen Bart hat oder nicht, kann ich Ihnen natürlich nicht sagen.« Er lächelte. Dann aber antwortete er ganz ernsthaft auf eine nicht ganz so ernst gemeinte Frage und sagte einen zeitlos schönen Satz: »Was ich Ihnen aber sagen kann, ist: Sie werden in Ihrem Leben immer wieder Menschen begegnen, bei denen ab und zu etwas Göttliches durchschimmert.« Gilt das auch für den herzlosen Busfahrer, der einfach die Tür zumacht? Ja, vielleicht sogar für den.

Als ich mir das Interview hinterher im Schnitt ansah, fiel mir auf: Man hätte jede einzelne von Ratzingers Antworten einfach aufschreiben und ohne zu redigieren zu einem Buch verarbeiten können. Jeder einzelne Satz: druckreif formuliert. Es war beeindruckend.

Diese Klarheit hat er sich bewahrt, auch in unserem letzten Gespräch – viele Jahre später. Es war viel passiert seitdem. Aus Joseph Kardinal Ratzinger war Papst Benedikt geworden. Er hatte die Wahl angenommen, obwohl er überhaupt nicht damit gerechnet hatte. Im Gegenteil: Er muss sich fürchterlich erschrocken haben in diesem Moment. Und er tat es sogar in der Rückschau: »Es ist völlig absurd anzunehmen, dass ein Mann von 78 Jahren einer Aufgabe von dieser Dimension gewachsen sei, absurd«, sagte er gleich mehrmals. Und dann erzählte er offen, wie es damals in ihm ausgesehen hat, im »Zimmer der Tränen«. In jenem Zimmer neben der Sixtinischen Kapelle, in das der nur Minuten zuvor gewählte Papst geführt wird, bevor er zum ersten Mal der Weltöffentlichkeit präsentiert wird. Es ist nur ein kurzer Weg durch die Sixtina vorbei an den berühmtesten Werken der Kunstgeschichte. Der neue Pontifex tritt seinen Dienst gleichsam unter den Augen von Michelangelo an, der ein Welterbe hinterlassen hat, und das passt ganz gut: Denn ab dem Moment ist auch alles, was er selbst sagen, tun oder auch lassen wird, von Bedeutung, wird Nachricht, wird globales Gemeingut, ist Kritik ausgesetzt, wird gelobt, wird wahrgenommen, überall auf der Welt. Über diesen Moment der ultimativen Vereinnahmung hat er, der stille Sohn eines bayerischen Gendarmeriemeisters und einer Köchin, den seine Eltern vor allem zu Bescheidenheit und Zurückhaltung erzogen hatten, nie viel erzählt.

Doch in diesem letzten Gespräch tat er es doch und gab den Gedanken preis, der ihn damals im Innersten durchzuckte: Niemand sei weniger geeignet als er, Oberhaupt von mehr als einer Milliarde Christen zu werden.

Stimmt das wirklich? Kann nur ein erfolgreicher Pontifex sein, wer auch ein PR-Genie ist? Wie Franziskus? Oder wie Johannes Paul II., der während unserer Dreharbeiten zufällig in einem abgelegenen Teil des Vatikans an unserer Kamera vorbeigefahren wurde und wie selbstverständlich die Hand zum Gruß hob? Obwohl er kaum noch dazu in der Lage war und obwohl gar kein Publikum da war? Die Anwesenheit einer einsamen Kamera auf einem Stativ stehend hatte ausgereicht, um im Medienprofi Wojtyla diesen Reflex auszulösen.

Ich habe oft über diese Szene nachgedacht. Hätte auch Benedikt so reagiert? Vermutlich nicht. Es war genau das, was er nicht geben konnte – und wahrscheinlich auch nie geben wollte. Vielleicht braucht die Welt als Nachfolger Petri, als Papst, mehr einen energischen, machtbewussten Macher als einen feinsinnigen, brillanten Denker. Vielleicht fehlte Benedikt tatsächlich im entscheidenden Moment manchmal die nötige Härte, um ein verkrustetes System zu überwinden.

Andererseits: Ist es nicht gerade das, was sein Pontifikat wertvoll gemacht hat? Dass einer in diesem Amt, in dem alles nach außen weist, konsequent die Bedeutung des Innen unterstreicht? Ganz gegen die Versuchung der großen Geste und – viel entscheidender noch – ganz gegen die massenmediale Gesetzmäßigkeit? Dass einer in einer Welt, die sich so

tolerant gibt, dass aus Toleranz irgendwann Belie-
bigkeit wird, von der »Diktatur des Relativismus«
spricht und Christen etwas mehr abverlangt als
einen müden Wellness-Glauben? »Heute gibt es in
großen Teilen der Welt eine merkwürdige Gottver-
gessenheit«, sagte er in Köln, »gleichzeitig aber gibt
es auch so etwas wie einen Boom des Religiösen.
Um die Wahrheit zu sagen: Weithin wird doch Reli-
gion gerade zum Marktprodukt. Man sucht sich heraus, was einem gefällt, und manche wissen, daraus
Gewinn zu ziehen. Aber diese selbstgesuchte Reli-
gion ist bequem, und in der Stunde der Krise lässt
sie uns allein.«

In der Predigt, die Joseph Ratzinger zum Beginn des
Konklaves hielt, aus dem er selbst als Papst hervor-
ging, klang es ähnlich. Er sprach davon, dass wir
uns »wie im Wind hin- und hertreiben« ließen und
fragte: »Wie viele Glaubensmeinungen haben wir
in diesen letzten Jahrzehnten kennengelernt, wie
viele ideologische Strömungen, wie viele Denkwei-
sen (…) vom Marxismus zum Liberalismus; vom

Kollektivismus zum radikalen Individualismus? (…)
Einen klaren Glauben nach dem Credo der Kirche zu
haben, wird dagegen oft als Fundamentalismus ab-
gestempelt. (…) Es entsteht eine Diktatur des Relativismus, die nichts als endgültig anerkennt und als
letztes Maß nur das eigene Ich gelten lässt.« Sätze
aus dem Jahr 2005, die heute auch mit Blick auf die
Verwerfungen der internationalen Politik wie eine
düstere Prophezeiung wirken.

Ich habe für meine Arbeit viele Menschen getroffen und befragt. Bei keinem stimmte das mediale
Bild, die Klischees und Vorurteile, die über ihn in der
Öffentlichkeit existieren, mit dem tatsächlichen Bild
überein. Doch es gibt nicht viele, bei denen mediale
Überzeichnung und Realität so sehr auseinander-
klafften wie bei Joseph Ratzinger. Der brillante, aber
vermeintlich kalte Denker, der angebliche Wächter
der reinen Wahrheit und Lehre war in der persönlichen Begegnung mit mir – und nur darüber kann
ich berichten – ein anderer. Vor allem drei Begriffe
sind es, die mir immer wieder in den Sinn kommen,
wenn ich über diesen außergewöhnlichen Menschen

nachdenke oder von ihm lese: demütig, warmherzig, bescheiden. Kein Kirchenfürst. Das genaue Gegenteil davon. Was wichtig ist? Er hat es ganz präzise beschrieben in jener Predigt vor dem Konklave, das ihn zum Papst machte, und wer es heute noch einmal liest, spürt die direkte Verbindung zu den Mönchen in der Wüste und den Benediktinerinnen im Kloster Säben: »Alle Menschen wollen eine Spur hervorbringen, die bleibt. Aber was bleibt? Das Geld nicht. Auch die Gebäude nicht; ebenso wenig die Bücher. Nach einer mehr oder weniger langen Zeit verschwinden alle diese Dinge. Das Einzige, was bleibt, ist die Seele, die Liebe und die Geste, die das Herz zu berühren vermag.«

»ER FREUE SICH, BALD NACH HAUSE GEHEN ZU DÜRFEN.«

MARKUS LANZ UND MANFRED LÜTZ

Wer das seltene Glück hat, Zeitzeugen des so bewegten 20. Jahrhunderts zu treffen, ihre Lebensgeschichten zu hören, »letzte Gespräche« zu führen, wird schnell klein. Er wird demütig und dankbar.

Wir beide haben dieses Glück immer wieder mal. Das Eigenartige dabei ist: Je größer die Persönlichkeit, je dramatischer die Geschichte, desto bescheidener kommt sie meistens daher. Macht sich nicht wichtig, sondern steht einfach vor einem: lebendige Geschichte. Nicht in Schwarz-Weiß und in Büchern. Sondern in Gestalt von ganz einfachen und dennoch umwerfenden Frauen und Männern, die sich interessanterweise oft auch äußerlich klein machen. Und immer sind diese Frauen und Männer in der Lage, jeden, der ihnen zuhört, mit einfachen, klaren Worten zutiefst zu berühren – und oft auch bis zu Tränen zu rühren.

Joseph Ratzinger war zweifellos aus diesem Holz geschnitzt: der stille, bescheidene, beeindruckende Zeuge eines ganzen Jahrhunderts. Doch er war, anders als die meisten, darüber auch zur Jahrhundertfigur geworden, deren wahre Größe für manche erst sichtbar wurde, als er von seinem Amt zurücktrat. Wie sehr muss einer mit sich im Reinen sein, der einen solchen Schritt tut?

Wir sprachen darüber, als wir morgens durch die Vatikanischen Gärten schlenderten mit herrlichem Blick auf Rom und auf die majestätische Kuppel von Sankt Peter. In ein paar Stunden würden wir diesen Joseph Ratzinger, inzwischen der emeritierte Papst Benedikt XVI., zu einem Gespräch treffen, und wir ahnten, dass es die letzte Begegnung mit ihm sein würde. Wir stellten Überlegungen darüber an, warum sein Image ausgerechnet in Deutschland, seinem Heimatland, so drastisch weit von der Wirklichkeit entfernt war. Wir sprachen vom möglichen Neid mancher Professorenkollegen auf das theologische Wunderkind, von frei erfundenen Gerüchten und Gehässigkeiten und von den absurden Klischees, die diese giftige Gemengelage produzierte. Wie war all das entstanden und vor allem: warum?

Denn Joseph Ratzinger galt einst als einer der modernsten Theologen seiner Zeit, ein Mann, der auch zu den heikelsten Themen mutige, neue Ideen entwickelte – von wegen »Panzerkardinal«! Das belegt unter anderem eine Geschichte, die mehr als fünf Jahrzehnte zurückliegt. Ratzinger war von einem der einflussreichsten Teilnehmer des II. Vatikanischen Konzils, dem Kölner Erzbischof Kardinal Frings, als Berater hinzugezogen worden. Frings sollte 1961 zur Vorbereitung des Konzils einen Vortrag in Genua halten und reiste direkt danach nach Rom zur Tagung der sogenannten Vorbereitungskommission. Kaum angekommen, erreichte Frings in seiner Unterkunft ein Anruf des Sekretärs von Papst Johannes XXIII.: Er möge sofort zum Papst kommen. Der Sekretär des Kardinals, der spätere Bischof Hubert Luthe, erzählte, Kardinal Frings sei etwas beunruhigt gewesen und habe zu ihm gesagt: »Legen Sie mir noch mal das rote Mäntelchen über, es könnte das letzte Mal gewesen sein.« Als Frings jedoch im Appartement des Papstes eintraf, sei ihm Johannes XXIII. mit ausgebreiteten Armen entgegengekommen: »Lieber Herr Kardinal, ich habe heute Nacht die Rede gelesen, die Sie in Genua gehalten haben. Das ist genau das, was ich mir vom Konzil erwarte.« Frings' überraschende Antwort: »Das habe nicht ich geschrieben, sondern ein junger Theologieprofessor.« Der Name des jungen Professors: Joseph Ratzinger. Als Kardinal Frings kurz danach die Priesteramtskandidaten seines Bistums in Bonn besuchte, wurde derselbe Vortrag bei Tisch verlesen. Den begeisterten Applaus der Studenten kommentierte Frings mit der schmunzelnden Bemerkung: »Da wird sich der Professor Ratzinger aber sicher über ihren Beifall freuen …« 34 Jahre war Joseph Ratzinger da alt.

Der junge Theologe war damals der Shootingstar der Theologie in Deutschland. Die renommiertesten theologischen Fakultäten rissen sich geradezu um ihn. Und er lehrte fast überall: in München, Bonn, Münster, Tübingen und schließlich in Regensburg, fast immer als der jüngste, der spannendste, der interessanteste Hochschullehrer. Hans Küng war Zeit seines Lebens stolz darauf, ihn von Münster nach Tübingen gelockt zu haben. Dabei waren die beiden so unterschiedlich, dass man unterschiedlicher kaum sein konnte. Küng schrieb am Ende seines Lebens drei dicke Bände über sein eigenes Leben, Papst Benedikt schrieb am Schluss drei Bände über Jesus von Nazareth. Das allein sagt schon manches. Und es war genau genommen nicht Küng, der die Debatte mit der Moderne führte, sondern Ratzinger. Legendär ist seine Begegnung mit dem »religiös unmusikalischen« Jürgen Habermas im Jahre 2004 an der Katholischen Akademie in München, mit dem er ein einfühlsames Gespräch über die entscheidenden Fragen der Zeit führte. Die beiden großen Denker begegneten sich in wechselseitigem Respekt auf Augenhöhe. Auch mit seinem alten Antipoden Johann Baptist Metz führte Ratzinger 1998 eine serene Debatte. Und in seinen Gesprächsbüchern mit Peter Seewald begegnet man einem modernen Menschen, der hochsensibel und illusionslos die Schwingungen der Zeit wahrnimmt - und sich gleichzeitig dem einfachen Glauben einfacher Menschen zutiefst verbunden weiß. Diesen Glauben hat er immer verteidigt gegen intellektuelle Arroganz und Verachtung mancher seiner Kollegen. Joseph Ratzinger betrieb nie Theologie im Elfenbeinturm. 1968 schrieb er mit seiner »Einführung ins Christentum« einen Bestseller, der allgemein verständlich das Wesentliche des christlichen Glaubens zum Ausdruck bringt und bis heute ein lesenswertes Standardwerk für alle ist, die das Christentum verstehen wollen. Noch kurz vor seinem Tod stimmte er zu, dass Manfred Lütz eine popularisierte Kurzfassung dieses klassischen Ratzinger-Textes erstellen dürfe, die demnächst erscheinen wird. Von vergleichbarer Klarheit war auch seine erste Enzyklika als Papst »Gott ist die Liebe« (Deus caritas est). Auch diesen Text wollte er verstanden wissen als eine Einführung in den Glauben, für Atheisten und Christen gleichermaßen, die vergessen haben, was am Christentum wirklich wichtig ist. Doch Joseph Ratzinger hat nicht nur mit seinen Büchern versucht, den Glauben zu wecken, sondern auch im persönlichen Gespräch. Als ihn die sterbenskranke atheistische Journalistin Oriana Falaci fragte, was sie tun könne, um zum Glauben zu gelangen, gab er ihr den gleichen Rat, den etwas anders auch Blaise Pascal gegeben hatte: »Tun Sie so, als würden Sie glauben, beten Sie …«

Man hat immer wieder versucht, Brüche im Leben von Ratzinger nachzuweisen. Da sind nicht nur die angeblich so einschneidenden Erfahrungen mit den 68ern in Tübingen, sondern vor allem seine Ernennung zum Erzbischof von München und Freising: Das habe ihn verändert, raunte es, und das Gleiche behauptete man später über

seine Berufung zum Präfekten der Glaubenskongregation und schließlich die Wahl zum Papst. Tatsächlich aber war Joseph Ratzinger auf bemerkens-
werte Weise sogenannten Brüchen gegenüber stets
skeptisch. All denen, die von links wie von rechts
im II. Vatikanischen Konzil einen – je nach Les-
art - erfreulichen oder bedauerlichen Bruch sahen,
widersprach er immer wieder aufs Entschiedenste
und war wie nur wenige andere in der Lage, dies
auch theologisch zu begründen. Er war schließlich
dabei gewesen und hatte das Konzil mit seinen Gedanken entscheidend mitgeprägt.

Ratzinger sah in der Kirchengeschichte immer eine
lebendige Entwicklung. Und das galt auch für sein
eigenes Leben. Wer da von Brüchen munkelt, hat
nicht verstanden, dass das in Wahrheit die Über-
gänge von einer Rolle zur nächsten waren. Den Rol-
len gerecht zu werden und treu zu sein, die Gott ihm
nach seiner tiefen Überzeugung in den Lebensweg
gelegt hatte, das hat er – und das wird im letzten
Gespräch noch einmal deutlich – immer als seine

heilige Pflicht betrachtet. Dabei wäre er selbst zeitlebens vermutlich nichts lieber geblieben als Professor, ein Lehrer der Theologie, der es als seine wichtigste Aufgabe ansah, seine Schüler für die geistige Größe Gottes zu begeistern.

Das änderte sich, als er Bischof werden musste. Er hielt sich für ungeeignet, vor allem, weil ihm die Verwaltung nicht lag. Besonders wird er wohl bedauert haben, dass er jetzt nicht mehr von seinem gesicherten Glaubensfundament aus theologisch experimentieren konnte. Stattdessen musste er sich plötzlich um ganz konkrete Gläubige sorgen, eine Diözese zusammenhalten – damals kaum leichter als heute. Später dann, als Präfekt der Glaubenskongregation, erbat er sich von Johannes Paul II. die Erlaubnis, wenigstens weiter publizieren zu dürfen - bis dahin für einen Präfekten völlig unüblich. Joseph Ratzinger wollte in seiner neuen Funktion nicht nur formulieren, was nach offizieller Lehre der Kirche alles nicht ging, sondern stattdessen wollte er auch weiter konstruktive Wege aufzeigen. Und er stellte sich. Es war Joseph Ratzinger, der das Thema Missbrauch schon als Präfekt so offen wie kein anderer vor ihm ansprach. Und er war es, der später als Papst mehr gegen Missbrauch unternahm als jeder seiner Vorgänger und an die 800 Priester aus dem Kirchendienst entfernte – eine Tatsache, die im Sturm deutscher Empörung über Skandale wie den am Canisius-Kolleg und anderswo unterging.

Trotzdem begann spätestens mit dem Beginn von Ratzingers Arbeit für die Glaubenskongregation das, was man den schwierigen Umgang mit der Last der Klischees nennen könnte. Dass die Behörde unter seiner Ägide liberaler war als jemals zuvor, dass sie deutlich weniger Zensurmaßnahmen verhängte als je zuvor – all das blieb den meisten verborgen, und daran hat sich bis heute nicht viel geändert.

Natürlich erforderte das Amt auch Entscheidungen zur Verteidigung des Glaubens. Dabei war er nie feige. Vor allem aber stand er loyal zum Papst. Diese

Loyalität war wohl auch der wahre Grund, warum er Hans Küng zu Lebzeiten Johannes Pauls II. nicht in Rom empfing. Nicht er, sondern der polnische Papst hatte Küng die Lehrbefugnis entzogen – interessanterweise schon vor Ratzingers Zeit in Rom. Als Joseph Ratzinger später selbst Papst wurde, lud er seinen alten Kollegen sofort in den Vatikan ein – es soll ein sehr herzliches Gespräch gewesen sein.

Er hatte nun eine andere Rolle. Und diese andere Rolle ermöglichte ihm anderes, aber, so sah er das wohl, forderte auch anderes von ihm. Dazu gehörte, dass ausgerechnet er, der nie etwas auf Kleidung gegeben und immer eine leicht verschlissene Soutane getragen hatte, sich jetzt verpflichtet fühlte, die ebenso prachtvollen wie schweren päpstlichen Gewänder als Last buchstäblich auf sich zu nehmen, um sich in die Kontinuität dieser uralten Institution zu stellen – als ihr Diener, nicht als ihr Herr. All das aber weiß kaum einer, denn ihm selbst wurde vor allem in seinem Heimatland nicht der »Vorschuss an Sympathie zuteil, der Voraussetzung für das Verstehen ist«, wie er es in seiner Jesus-Trilogie brillant formulierte. In anderen Ländern dagegen wird er mitunter geradezu verehrt – interessanterweise vor allem von den Linken Lateinamerikas, wie sich bei seinem Rücktritt herausstellte.

Über viele dieser Gedanken und Entwicklungen hatten wir gesprochen bei unserem Spaziergang in den Vatikanischen Gärten. Und jetzt also die Möglichkeit, diesem außergewöhnlichen Menschen noch einmal zu begegnen. Es sollte kein Small Talk werden, sondern ein existenzielles Gespräch. Aber war das noch möglich? Wie stand es um seine geistigen, vor allem um seine körperlichen Kräfte? Zwei Wochen zuvor hatte er seinen 91. Geburtstag gefeiert.

Wir machten uns auf den Weg. An der Porta Sant'Anna holte uns ein Schweizergardist ab und führte uns zum Kloster »Mater Ecclesiae«, in dem der Papst seit seinem Rücktritt lebte. Als wir klingelten, öffnete uns eine freundliche, ältere Italienerin und führte uns in ein kleines Wartezimmer im Erdgeschoss: »Warten Sie bitte hier.« Es fiel auf, wie einfach, wie unprätentiös all das ablief. Und wie leise es war. Kein Ton, kein Geräusch. Nur das gleichmäßige Ticken einer alten Standuhr war zu hören. Es war halb eins, Mittagszeit, einer dieser leisen Momente, die es so vielleicht nur in Klöstern gibt. Es liegt keine Einsamkeit in dieser Stille, sondern ein Innehalten, beruhigend und schön. Wir saßen da, in Gedanken versunken, und horchten dem Nichts hinterher.

»Folgen Sie mir!« Die freundliche Haushälterin stand wieder vor uns und führte uns in die zweite Etage. Vor einer einfachen Holztür blieb sie stehen, lächelte uns aufmunternd zu und verschwand. Wir öffneten. Hinter dieser Tür erwartete uns nur ein kleines Wohnzimmer mit einer schlichten Sitzgarnitur, alles zusammen nur wenige Quadratmeter groß. Als unser Blick vorsichtig nach links schweifte, bemerkten wir ihn. Benedikt saß einfach nur da, und dabei sah er genau so aus, wie ihn die Welt Jahre zuvor das letzte Mal auf einem der seltenen Fotos gesehen hatte: in seiner weißen Soutane und auf dem Kopf den weißen Pileolus - geronnene Zeit, so schien es, und alles wie immer. Er war nur: noch leiser, noch schmaler, noch zerbrechlicher. Der Anblick berührte uns.

Benedikt begrüßte uns und lud uns ein, Platz zu nehmen. Seine Stimme klang leise, eher wie ein Wispern, wir waren anfangs kaum in der Lage, ihn genau zu verstehen. Er schien müde, unendlich müde. Immer wieder fielen ihm die Augen zu, und da wirkte er wie jemand, der gerade verglimmt, als ginge er aus wie eine Kerze. Nach wenigen Minuten beschlossen wir, den Besuch abzubrechen, um ihn nicht weiter zu strapazieren. Doch als wir dann ein paar scherzhafte Bemerkungen machten, rührte sich zu unserer großen Überraschung sein alter Humor, er wurde ganz lebendig. Und obwohl seine Stimme sehr leise blieb, war er mit einem Mal wach und präsent. Seine Bemerkungen waren tiefgehend und unmittelbar, wenn nötig auch höchst differenziert. Am Ende blieben wir deutlich länger als geplant - fast eine Dreiviertelstunde. Als wir uns schließlich bei der freundlichen Haushälterin verabschiedeten und uns für die Verspätung entschuldigten, lächelte sie nur: »Hauptsache, Sie haben ihn gut unterhalten.«

Da wir naturgemäß kein Tonband mitlaufen lassen konnten, ist Grundlage für das, was jetzt folgt, ein Gedächtnisprotokoll, das wir unmittelbar nach dem Gespräch, noch auf dem Weg zum Flughafen, erstellt haben. Dabei wird deutlich, dass es kein klassisches Interview war, sondern ein lebendiges, heiteres Gespräch.

Manfred Lütz erklärt Benedikt gleich zu Anfang, dass Markus Lanz aus Südtirol stamme. Papst Benedikt wusste das offenbar schon und geht sofort erfreut darauf ein, sodass sich ein kurzer Austausch ergibt über Südtirol und Benedikts Großmutter, die aus Mühlbach, am Eingang zum Pustertal, kam, auch über das Kloster Neustift und das Vinzentinum, die beiden Schulen, die Markus Lanz besuchte.

Markus Lanz erinnert ihn dann an seine erste Begegnung mit ihm 2003 auf dem Campo Santo Teutonico. Damals war er noch Präfekt der Glaubenskongregation, und Lanz habe ihn gefragt, ob wenigstens er ihm, als so bedeutender Theologe, mal verbindlich sagen könnte, wie denn der liebe Gott aussehe. Und ob er einen Bart habe oder nicht. Bei dieser Frage, sagt Markus Lanz lachend, hätte der Kameramann am liebsten im Erdboden versinken wollen. Als Papst Benedikt daraufhin lachend zurückfragt, was er denn geantwortet habe, antwortet Markus Lanz: »Sie hatten irgendwie Spaß an der Frage und sagten, dass Sie natürlich nicht wüssten, ob er einen Bart habe oder nicht. Dann aber haben Sie ganz ernsthaft etwas gesagt, was ich nie mehr vergessen habe. Sie sagten, ab und zu hätten wir das große Glück, Menschen zu begegnen, bei denen man etwas Göttliches durchschimmern sehe. Diese Antwort hat mich lange beschäftigt.«

Benedikt ist amüsiert, und wir haben das Gefühl, dass er sich an die Begegnung von damals und irgendwie auch an die Antwort erinnert.

Dann fragt ihn Manfred Lütz, sein Image in Deutschland sei ja so ziemlich das Gegenteil von dem, was stimme, er habe da als ›Panzerkardinal‹ gegolten, ob ihn so etwas verletzt habe. Darauf Papst Benedikt: Damit habe er nie etwas anfangen können, dieses Bild vom Panzerkardinal sei ja etwas absurd. Es ist aber zu spüren, dass es ihn dennoch getroffen hat.

Manfred Lütz kommt auf das Thema Sexualität zu sprechen: Die katholische Kirche und auch er speziell seien in der Öffentlichkeit ja immer mit der Sexualmoral in Verbindung gebracht worden. Dabei habe er mal nachgeprüft, dass Papst Benedikt während des Weltjugendtags in Köln, als mehr als eine Million Jugendliche aus aller Welt zusammenkamen, keinen einzigen Satz über Sexualmoral gesagt habe. Er habe von der Freude des Glaubens, von Gott, vom Gebet und vom Einsatz von jungen Menschen für eine bessere Welt gesprochen. Die Presse dagegen sei damals voll von Diskussionen über Kondome gewesen, und Manfred Lütz fragt ihn, wie wichtig denn für ihn die Sexualmoral gewesen sei. Die Antwort ist bezeichnend: Es habe ihn nie besonders interessiert, sagt er. Er finde ohnehin, dass viel zu viel über Sexualität und Sexualmoral gesprochen werde.

Dann geht es um sein Verhältnis zu Papst Franziskus. Er habe ja mal gesagt, dass er mit seinem Nachfolger theologisch auf einer Linie sei. Benedikt dazu: Franziskus besuche ihn gelegentlich, es sei ein sehr angenehmes Verhältnis. Im Übrigen sei er noch nie mit einem Papst völlig einverstanden gewesen, auch nicht mit Pius XII. Aber Franziskus sei jetzt das Oberhaupt der Kirche und als solches natürlich auch für ihn zuständig. Franziskus stehe ihm in vielen Fragen tatsächlich sehr nahe. Natürlich sei er in gewisser Weise dennoch ganz anders, aber er habe eine große Herzlichkeit, die er spüre und auch annehmen könne. Aber er könne sich auch vorstellen, dass er manchmal auch sehr hart sein könne. Als Manfred Lütz erklärt, dass er die Veröffentlichung des kritischen Briefes der vier Kardinäle zu Franziskus' Schreiben »Amoris laetitia« nicht gut fand, pflichtet Benedikt dem lebhaft bei. Auf die anschließende Frage, was er eigentlich für das Wichtigste in seinem Pontifikat halte, meint er erst, das wisse er nicht genau, aber auf die Nachfrage, ob es nicht möglicherweise sein Werk »Jesus von Nazareth« gewesen sein könnte, stimmt er dem zu. Das sei noch einmal eine Zusammenfassung all dessen gewesen, was ihm wichtig gewesen sei. Es sei sogar eine Art Vermächtnis gewesen, weil es alles beinhalte, was er der Welt noch zu sagen gehabt habe.

Und dann fragt Markus Lanz: »Seit unserer kurzen Begegnung auf dem Campo Santo habe ich eine Ahnung davon, was für ein zurückhaltender, fast schüchterner Mensch Sie eigentlich sind. Und deshalb bewegt mich seit Langem die Frage, wie Sie sich damals wohl gefühlt haben mögen, direkt nach der Wahl, als man Sie in das ›Zimmer der Tränen‹ führte? Es wird ja so genannt, weil der neue Papst dort noch mal in sich gehen kann, während ihm die päpstlichen Gewänder angelegt werden, bevor er hinaustritt auf den Balkon, um sich der Weltöffentlichkeit zu zeigen und sein altes Leben für immer hinter sich zu lassen. Was also haben Sie da gefühlt?«

Papst Benedikt macht eine lange Pause, atmet tief durch und antwortet dann, er habe dort einfach gestanden und alles über sich ergehen lassen. Und es sei zunächst ganz banal einfach um Fragen der Kleidung usw. gegangen. Ihn selbst aber habe vor allem bewegt, was er sagen würde, wenn er gleich auf den Balkon hinaustrete. Es habe eigentlich gar keine Zeit gegeben, um wirklich etwas zu reflektieren. Wann denn dieser Moment des Nachdenkens gekommen sei, fragte Markus Lanz nach, der Moment also, in dem ihm klar geworden sei, was dieses Amt wirklich bedeutet. Er könne da keinen Moment nennen, antwortet Papst Benedikt, diese Frage habe ihn eigentlich das ganze Pontifikat hindurch bewegt. Denn er sei ja zweifellos jemand, der für eine so gewaltige Aufgabe nicht geeignet sei. Es sei ja im Grunde genommen völlig absurd für einen Mann von 78 Jahren, noch einmal etwas ganz Neues von dieser Dimension zu beginnen. Aber dann habe er die Aufgabe auch gerne angenommen und das getan, was getan werden musste.

Markus Lanz kommt auf seine Zeit als Professor zu sprechen: »Sie standen ja öfter vor Situationen, mit denen Sie nicht gerechnet hatten. Wie war das damals, 1968, an der Universität von Tübingen? Ich lese immer wieder, dass Sie die Studententumulte damals regelrecht verstört haben sollen ...« Nein, die Unruhen hätten ihn nicht verstört, ist seine Antwort, aber ihm sei sehr schnell klar geworden, dass dieser neomarxistische Ansatz ein Irrweg gewesen sei, ein im Kern sogar terroristischer Irrweg. Es sei nicht mehr um eine intellektuelle Auseinandersetzung gegangen, sondern um Ideologie. Interessant sei gewesen, dass die Studenten vor allen Dingen gegenüber den Professoren besonders brutal gewesen seien, die ihnen eigentlich nahestanden. Ausgerechnet die seien von ihnen schlecht behandelt worden! Das habe ihn tatsächlich erschüttert. Er selber sei davon nicht so betroffen gewesen. Übrigens habe es mal eine große Versammlung gegeben, bei der dann irgendwann Eier und Tomaten geworfen worden seien. Es habe sogar eine Rauferei zwischen Studenten und Professoren gegeben. Lachend fügt er hinzu, dass er sich daran aber nicht beteiligt habe.

Manfred Lütz fragt, warum er eigentlich nach seiner Wahl zum Papst Hans Küng eingeladen habe. Das sei für ihn selbstverständlich gewesen, antwortet Papst Benedikt. Küng habe kommen können, wann immer er wollte. Sie hätten ein gutes Gespräch gehabt, und lachend fügt er hinzu, immerhin habe Küng ja danach zwei Jahre nicht mehr schlecht über ihn gesprochen, er habe sich schon gefragt, was mit Küng eigentlich los sei. Und dann erkundigt Papst Benedikt sich sehr ernsthaft, ob wir wüssten, wie es Küng gehe. Er habe sich Sorgen gemacht, weil er gehört habe, es gehe ihm nicht gut. Er habe ja ein Buch über das Sterben geschrieben, gemeinsam mit Walter Jens, in dem die beiden auch über die Möglichkeit einer Selbsttötung nachgedacht hätten. Interessanterweise etwas, was Walter Jens am Ende seines Lebens, als er schon schwer von der Demenz gezeichnet war, vehement abgelehnt habe. Er habe richtige Angst davor gehabt.

Markus Lanz: Ob er ihn etwas sehr Intimes fragen dürfe? Habe auch jemand wie er Angst vor dem Tod? Papst Benedikt denkt lange nach und antwortet dann, er freue sich, bald nach Hause gehen zu dürfen, seine Schwester wiederzusehen, seine Eltern wiederzusehen und fast alle seine Freunde, die schon drüben seien. Und er hoffe sehr, dass dieser Moment bald da sein werde, er hoffe das wirklich sehr. Und nach einer Pause ergänzt er, einerseits freue er sich, nach Hause zu gehen, aber, ja, er habe auch ein wenig Angst vor der Pflege in der letzten Phase, so, wie sie wahrscheinlich jeder Mensch habe. Markus Lanz sagt, dass es Menschen gebe, die einem die Angst vor dem Sterben nehmen könnten. So, wie manche alten Menschen, die er gerade für eine Reportage in Russland getroffen habe, Menschen, die die Schrecken des Krieges erlebt hätten und doch menschliche Wärme und Güte ausstrahlten. Benedikts Reaktionen zeigen dann, dass er die politische Lage in Russland, Amerika, aber auch in Europa, speziell in Deutschland, immer noch aufmerksam verfolgt. Zum Schluss fragt ihn Manfred Lütz noch, was er sich wünschen würde, dass von ihm später mal gesagt werden solle. Das sei ihm eigentlich egal, antwortet Benedikt und lachend fügt er hinzu, er hoffe, nicht allzu viel Böses.

Dann macht Markus Lanz noch einige Fotos. Benedikt lässt es geduldig über sich ergehen ...

Übrigens hat Papst Benedikt während des gesamten Gesprächs die Kleidung von Markus Lanz überhaupt nicht bemerkt, denn er war ganz konzentriert auf ein existenzielles Gespräch. Und so war er offensichtlich auch gar nicht überrascht, dass da möglicherweise erstmals seit über 40 Jahren ein Mann mit offenem Hemd vor ihm saß.

NACHTRAG

Am 20.1.2022 erschien das Münchner Miss-brauchsgutachten und ein Sturm brach über den 94-jährigen emeritierten Papst herein. Von Juristen formulierte, aber für einen ehemaligen Papst ganz unangemessene Antworten und die falsche Angabe zu seiner Anwesenheit bei einer Sitzung erhitzten die Gemüter. Ein zweifellos von ihm selber ver-fasster Brief klärte die näheren Umstände auf und war zugleich das letzte öffentliche Glaubenszeugnis eines großen Theologen vor dem »dunkle(n) Tor des Todes«. Dass er dabei nicht nur seine »aufrichtige Bitte um Entschuldigung gegenüber allen Opfern« zum Ausdruck brachte, sondern auch Lob und Dank für seine Mitarbeiter, deren Fehler er mit keinem Wort kritisierte, macht diesen letzten öffentlichen

Brief zu einem Dokument auch für die Tragik dieses Mannes, dem die unerschütterliche Treue zu seinen Mitarbeitern stets wichtiger war als sein eigener guter Ruf. Und dieser Brief bestätigt zugleich noch einmal die Sicht des Lebens und des Glaubens ganz von innen her, auf die Markus Lanz oben hinwies. Der Text verzichtet völlig auf Applaus, auf billige Medieneffekte nach außen und ritualisierte Formulierungen, die ihm manche schon sozusagen diktiert hatten, die aber nicht echt gewesen wären. Am Schluss ist er ganz bei sich, bei der Kirche, bei den Freunden und legt Rechenschaft ab nicht vor der wankelmütigen Öffentlichkeit, sondern mit den Worten der heiligen Messe, die er bis zu seinem Tod täglich feierte, vor dem ewigen Gott.

Joseph Ratzinger, Papst Benedikt XVI. starb im Alter von 95 Jahren am 31. Dezember 2022 in Rom.